펴내는 글 & 일러두기

책 읽는 사람이 세상을 이끈다…

독서는 감동입니다. 감동은 집중력을 높여 줍니다. 어렸을 때 감동하면서 책을 읽은 아이들이 다른 일도 잘합니다.

독서는 핵심입니다. 핵심을 파악해야 발전합니다. 모든 사건에는 핵심이 있고 모든 일은 핵심을 중심으로 전개됩니다. 독서는 전체의 흐름과 핵심 파악에 도움을 줍니다.

독서는 꿈입니다. 독서는 꿈의 실현이 아니라 꿈을 꾸게 하는 다리입니다. 꿈을 꾸는 사람만이 꿈을 이룰 수 있습니다.

독서만이 미래이고 독서만이 희망입니다. 병들기 전에 병을 치료하는 일이 좋은 일이듯, 문제가 발생하지 않도록 하는 일이 중요합니다. 독서는 병들기 전에 치료하는 최고의 보약입니다.

〈로직아이〉는 모든 선생님과 학부모 그리고 대한민국 모든 아이들이 건강하고 행복하기를 기원합니다.

집필자들을 대신하여
(주) 로직아이 대표 박우현

교재의 특징

▶ 이 교재는 독서지도를 위한 교재입니다. 그러나 이 교재의 사용은 자연스럽게 글쓰기 논술 실력도 늘게 할 것입니다.
▶ 이 책에는 해당 책을 이용한 PSAT[공직 적격성 평가(행정 고시 1차 시험)] 형식의 문제가 수록되어 있습니다. 학생들은 대입 수능 시험에 친근한 느낌을 가질 것입니다.

교재 사용 방법

1. 이 교재를 사용하기 위해서는 반드시 가르치는 사람과 아이들은 해당 책을 읽어야 합니다. 그 후에 교재 속의 문제들을 풀면 그것만으로도 그 책을 다시 한번 읽는 셈이 됩니다.
2. 단계별로 구성되어 있기는 하지만 아이들의 성향이나 독서 능력에 따라 자유롭게 활용해도 무방합니다.
3. 각각의 교재는 6권의 책으로 구성되어 있지만, 그 순서는 교사나 학부모가 정할 수 있습니다. 아이들의 취향이나 선생님의 지도 방법에 따라 선택 지도할 수 있습니다.

〈감사의 말씀〉 이 교재 속에 수록된 텍스트와 이미지 사용을 허락해 준 모든 출판사에 감사드립니다.

목 차

수상한 아파트
4쪽

받은 편지함
14쪽

스티브 잡스의 세 가지 이야기
24쪽

금수회의록
34쪽

고양이가 된 고양이
44쪽

지혜 문방구 랩스타 문지혜
54쪽

수상한 아파트

박현숙 글 | 장서영 그림 | 북멘토

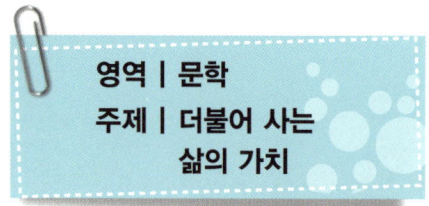

영역 | 문학
주제 | 더불어 사는
　　　삶의 가치

목표

1. 혼자 사는 사람들의 고충을 알 수 있다.
2. 세상 사람들과 소통하는 방법을 생각할 수 있다.
3. 함께 사는 삶의 소중함을 생각할 수 있다.

줄거리

　여진이는 부모님의 이혼으로 고모의 아파트에서 지낸다. 이 아파트는 대부분 혼자 사는 사람들로 남의 일에 간섭하지도 않고 인사도 하지 않는다. 호기심 많은 여진이는 매일 검은 봉투를 들고 엘리베이터에 타는 22층 할아버지에게 관심을 가지다가 도둑으로 오해받기도 한다. 매일 보이던 할아버지가 안 보이자 여진이는 친구 호진이와 함께 열쇠 집 아저씨를 불러 할아버지 집 문을 열어 할아버지를 구한다.

도서 선정 이유

　이 책은 변화하는 현대의 가족 형태와 개인주의적인 삶을 보여 준다. 주인공이 가정 환경 변화에서 겪는 심정과 혼자 사는 사람들에게 발생할 수 있는 고충을 상상하며 읽을 수 있다. 과연 수상한 아파트에는 어떤 일이 발생할까? 긴장 반 상상력 반으로 펼쳐지는 사건 변화가 매우 흥미롭다.

1 ( ) 안에 들어갈 알맞은 단어를 〈보기〉에서 찾아 쓰고 짧은 문장을 만들어 보세요.

> **보기**
> 참견 실타래 악착 출몰 황급하다 외면
> 잰걸음 볼멘소리 즐비하다 호들갑 부리부리 신신당부

1. ( ) : 가볍고 방정맞게 야단을 피우는 말이나 행동.
   짧은 글짓기 :

2. ( ) : 무엇이 어떤 장소에 나타났다가 없어졌다가 함.
   짧은 글짓기 :

3. ( ) : 마주치기를 꺼리어 피하거나 얼굴을 돌림.
   짧은 글짓기 :

4. ( ) : 일을 해 나가는 태도가 매우 모질고 끈덕짐. 또는 그런 사람.
   짧은 글짓기 :

5. ( ) : 보폭이 짧고 빠른 걸음.
   짧은 글짓기 :

6. ( ) : 많이 널려 있다.
   짧은 글짓기 :

7. ( ) : 여러 번 간곡하게 하는 부탁.
   짧은 글짓기 :

1 주인공 여진이가 고모네 아파트에서 지내게 된 까닭은 무엇인가요? (15쪽)

2 여진이의 부모님은 어떤 사건 때문에 헤어졌나요? (13, 15쪽)

3 여진이가 고모네 아파트에 온 첫날, 엘리베이터가 22층에 자꾸 멈추어서 이상하다고 말하자 고모는 뭐라고 했나요? (21쪽)

4 고모네 아파트의 엘리베이터를 탄 사람들은 어떤 모습을 하고 있었나요? (26쪽)

5 여진이의 고모는 밥을 해 주지 않습니다. 여진이는 식사를 어떻게 해결했나요? (24, 32쪽)

6 여진이는 호기심을 해결하려고 아파트 여기저기를 돌아다니다 퇴근한 고모에게 혼이 납니다. 고모가 여진이를 혼낸 이유는 무엇인가요? (64~65쪽)

7 여진이와 호진이가 친해진 계기는 무엇이었나요? (93, 100쪽)

8 고모가 늦은 밤 호진이와 호진이 삼촌에게 도움을 요청한 까닭은 무엇인가요? (106, 113쪽)

9 22층 할아버지가 사라진 것을 수상하다고 여긴 여진이와 호진이는 아무도 모르게 할아버지 집의 문을 열고 들어갑니다. 할아버지를 어디에서 찾았나요? (178쪽)

10 수상한 아파트에서 여러 가지 사건을 겪은 여진이는 닭갈비 집에서 부모님의 전화를 받습니다. 부모님이 전화한 까닭은 무엇일까요? (199쪽)

책·을·깊·게·읽·는·아·이·들

1 밑줄 친 문장의 의미를 써 보고 그 이유를 말해 보세요.

> 이제 엄마 아빠는 서로 떨어져서도 잘 사는구나. 모두에게 좋은 거야. 엄마도 좋고 아빠도 좋고 더는 싸우는 모습 보지 않아도 되는 나도 좋은 거고. 그런데 <u>내 마음이 왜 이런지</u> 모르겠다.
>
> 본문 61쪽에서

2 아래 이야기 다음에 나올 수 있는 말은 무엇일까요?

> "우리 엄마가 그러던데 노인들은 아침과 저녁이 다르다고 했어요. 무슨 뜻인지 모르지만요."
> "그거야 말 그대로 노인들 건강은 아침저녁이 다르다는 뜻이지. '밤새 안녕'이라는 말이 있지 않니, 어제 저녁까지 멀쩡하던 분이 오늘 아침에 갑자기 아플 수도 있고 심지어 돌아가실 수도 있다는 말이야."
>
> 본문 137쪽에서

3 다음 글의 ㉠이 의미하는 바를 이야기해 보세요.

> 미지는 나와 일 학년 때부터 단짝이었다. 미지는 나에게 비밀이 없었다. 자기 엄마 아빠가 싸운 것도 나에게 모두 얘기했다. 하지만 나는 그러질 못했다. 엄마 아빠가 이혼하고 그 동네를 떠나오면서 미지에게는 사실대로 말하지 못했다. 단짝이기는 하지만 그런 일까지 시시콜콜 말한다는 것이 ㉠ <u>자존심 상했다.</u>
>
> 본문 37쪽에서

4 여진이가 열쇠집 아저씨를 부르려고 할 때 호진이가 걱정하자 여진이가 하는 말입니다. 어떤 의미로 하는 말인가요?

> "쫓겨나도 괜찮겠어?"
> "그깟 거 쫓아내려면 쫓아내라고 해. 굳이 가라고 하면 가지 뭐. 나도 매일 밤 바퀴벌레와 싸우기 싫다고. 그리고 지저분한 거 참기, 불편한 거 참기, 외로워도 아무렇지도 않은 척 행동하기, 뻔뻔하기, 참견하지 않기, 그런 것 다 지켜 낼 자신도 없고."
>
> 본문 170쪽에서

5 아이들이 허락 없이 문을 따고 들어가 할아버지를 구한 후에 고모가 관리사무소 소장에게 따지는 장면입니다. 관리사무소 소장이 입을 꾹 다문 이유는 무엇일까요?

> "그 할아버지, 아들도 있다면서요? 그런데 몸도 편찮으신 아버지를 혼자 지내게 하고 잘 찾아오지도 않았다면서요? 냉정히 말해 말도 안 되는 행동을 한 사람은 그 아들 아닌가요? 좋아요. 이 아이들이 잘못했다고 쳐요. 죄를 지었다고 치자고요. 벌을 받아야 한다면 받을게요. 대한민국의 법이 그렇다면 당연히 벌을 받아야지요. 하지만 소장님이 벌을 줄 자격은 없지 않나요? 그러니까 입 좀 다무세요!"
>
> 고모가 관리사무소 소장 얼굴을 향해 손가락을 높이 쳐들었다. 관리사무소 소장은 헛기침을 하며 입을 꾹 다물었다.
>
> 본문 188쪽에서

책·을·내·것·으·로·만·드·는·아·이·들

1 여진이는 부모님의 갈등 속에서 누구와도 같이 살고 싶지 않다고 생각합니다. 혼자 산다면 어떤 점이 좋고, 어떤 점이 나쁠까요?

◎ 혼자 살 때 좋은 점

◎ 혼자 살 때 나쁜 점

2 여러분은 다음과 같은 말을 어떻게 생각하나요?

> '아, 남이야 작은 봉투에 버리든 큰 봉투에 버리든 내가 무슨 상관이람.'

동의한다. 이유는?

동의하지 않는다. 이유는?

3 여진이는 고모에게 "저도 나중에 고모처럼 혼자 살고 싶거든요, 혼자 잘 사는 방법 좀 알려 주세요."라고 말합니다. 여러분도 혼자 살고 싶은가요?

나는 혼자 살고 싶다. 왜냐하면

나는 혼자 살고 싶지 않다. 왜냐하면

4 요즘 사람들은 남에게 피해를 입히는 일을 무척 싫어합니다. 그렇다면 다른 사람들에 대한 관심도 갖지 말아야 할까요? 친구들과 토론해 보세요.

> "바쁜 아침시간에 엘리베이터를 잡고 있으면 어쩌라는 건지. 남한테 피해는 주지 말고 살아야지."
> 고슴도치 머리는 구시렁거리며 가 버렸다.
> '남에게 피해는 주지 말고'라는 말이 머리에 콕 박혔다. 공연히 남의 일에 참견할 뻔했다. 내가 도와주겠다고 하는 일이 어쩌면 할아버지를 귀찮게 하는 일일 수도 있는데 말이다.  본문 44쪽에서

5 여진이와 호진이는 허락도 받지 않고 남의 집 문을 따고 들어가 22층 할아버지의 목숨을 구했습니다. 이 행동에 대해 옹호하거나 비판하는 글을 써 보세요.

> 나와 호진이는 무작정 칭찬할 수도 그렇다고 야단칠 수도 없는 아이들이 되었다.
> "이 아이들 덕에 2201호 영감님이 무사할 수 있었던 거는 정말 다행이지만 주인 허락 없이 남의 집 문을 따고 들어간 것은 그냥 넘어갈 수 없는 문제지요."
> 관리 사무소 소장은 고모와 호진이 삼촌을 불러놓고 말했다. 본문 186쪽에서

 자신의 입장 :

 근거 :

아·이·들·을·위·한·P·S·A·T·와·L·E·E·T

1 ㉠의 근거로서 가장 적절한 문장은?

> ㉠ <u>너는 남의 일에 참견하는 버릇 좀 버려.</u> 여기는 혼자 사는 사람들이 많은 아파트야. 어쩔 수 없어서 혼자 사는 사람들도 있지만 남에게 간섭받기 싫어서 자유롭고 싶어서 혼자 사는 사람들이 대부분이야. 전에 내가 말했지? 나도 혼자 살고 싶다고. 나는 너처럼 남의 일에 시시콜콜 간섭하고 참견하는 아이 정말 싫어.
>
> 본문 129쪽에서

① 나도 혼자 살고 싶다고.
② 어쩔 수 없어서 혼자 사는 사람들도 있어.
③ 여기 사는 사람 대부분은 혼자 사는 사람들이야.
④ 남의 일에 시시콜콜 간섭하고 참견하는 아이 정말 싫어.
⑤ 남에게 간섭받기 싫어서 자유롭고 싶어서 혼자 사는 사람들이 대부분이야.

2 아래 문장을 요약한 것으로 가장 적절한 것은?

> 정말 아무것도 아닌 일로 엄마 아빠는 끈질기게 싸웠다. 밥을 먹을 때 밥을 먼저 먹지 않고 국부터 떠먹는 거 가지고도 싸웠다. 심지어 그거 가지고 사흘을 싸웠다.
> 지난봄에는 치약 때문에 일주일을 싸웠다. 엄마가 치약 중간을 꾹 눌러 짰다는 거다. 아빠는 아래부터 눌러 쓰라고 말했다. 그냥 알았다고 하면 될 것을 가운데를 눌러 쓰나 아래부터 눌러 쓰나 다른 게 뭐냐고 엄마는 따지고 들었다. 내가 아빠라면 그럼 그냥 알아서 눌러 쓰라고 했겠다. 그런데 아빠는 아침저녁으로 엄마가 양치질을 할 때마다 따라다니며 참견했다. 엄마는 보란 듯이 치약 가운데를 더 '꾸욱!' 눌렀다.
>
> 본문 11~12쪽에서

① 아빠는 엄마에게 관심이 많다.
② 엄마 아빠는 아무것도 아닌 일로 싸운다.
③ 항상 밥과 국 그리고 치약이 문제를 일으킨다.
④ 내가 아빠라면 그냥 알아서 눌러 쓰라고 했겠다.
⑤ 아빠는 아침저녁으로 엄마가 양치질을 할 때마다 따라다니며 참견했다.

3. 다음 내용에 알맞은 속담은?

"여……여진아, 이, 일어나 봐."
고모 목소리가 달달 떨렸다. 그러더니 또 '까악!'이다. 나는 천천히 이불을 내렸다. 고모가 벽을 가리키고 있었다. 떨리는 가슴으로 벽을 바라봤지만 아무것도 없었다.
"여진아. 어떻게 해? 바퀴벌레, 바퀴벌레야. 한 마리도 아니고 세 마리나. 이만큼 커."
고모는 손바닥을 내밀었다. 뭐야, 바퀴벌레 가지고 저 난리를 치는 거야?
(중략)
"으악!"
커튼을 드는 순간 나는 비명을 지르며 공책을 내던졌다.
풍뎅이처럼 커다란 바퀴벌레가 바글거렸다. 열 마리도 넘을 거 같았다.
이건 완전 바퀴벌레 집이다.

본문 103쪽에서

① 엎친 데 덮친다.
② 백지장도 맞 들면 낫다.
③ 아니 땐 굴뚝에 연기 나랴.
④ 불난 강변에 덴 소 날뛰듯 한다.
⑤ 종로에서 뺨 맞고 한강에서 눈 흘긴다.

4. 글 (나)는 글 (가)에 대해 무엇이라고 할 수 있나요?

(가) "밖에 나가 동네 애들하고 싸움이 붙으면 유리해. 형제 중에 누군가 싸우고 있으면 당장 달려가서 편들어 주거든. 예전에는 작은누나가 앞집 누나와 싸운 적이 있었어. 작은누나는 덩치도 작고 비쩍 말라서 힘이 없어 싸움도 못해. 그때 큰누나가 그걸 본 거야. 큰누나는 앞집 누나에게 달려들었어. 2대 1로 싸운 거지. 우히히히. 내가 그 싸움을 처음부터 끝까지 봤거든. 우리 누나 두 명이 앞집 누나 머리를 죄다 쥐어뜯어 놨었어. 밖에 나가면 같은 편이 되어 줄 사람이 있다는 거, 그거는 좋은 것 같아."
호진이는 그날 생각을 하는지 배를 잡고 웃었다.
(나) 그게 무슨 좋은 점이야. 창피하게 싸움 잘하는 집안이라고 소문이나 안 나면 다행이지.

본문 119쪽에서

① 주장   ② 근거   ③ 반론   ④ 요약   ⑤ 또 다른 주장

수상한 아파트 | 13

받은 편지함

남찬숙 글 | 황보순희 그림 | 우리교육

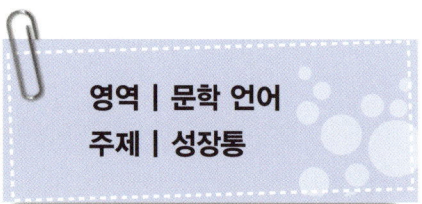

영역 | 문학 언어
주제 | 성장통

 목표

1. 주인공이 겪는 사건을 따라 내용을 정리한다.
2. 메일을 계기로 변화된 주인공의 생활을 살펴본다.
3. 갈등 속에서 방황하는 주인공의 마음과 해결 방법을 생각해 본다.

줄거리

어려운 가정 환경에서 생활하는 순남이는 학교에서 항상 외톨이다. 그런 순남이에게 동화 작가와 메일을 주고받는 꿈같은 일이 일어난다. 하지만 뜻하지 않게 시작된 작은 거짓말 때문에 순남이의 마음은 진실과 거짓 사이에서 갈등하게 된다. 그런 순남이를 위해 작가 선생님은 이상한 서명을 남긴다.

도서 선정 이유

외톨이 소녀가 메일을 계기로 타인과의 관계를 형성해 가는 과정을 그린 성장 소설이다. 이 작품은 학생들에게 또래의 고민과 갈등을 보여 주면서 마음을 열 수 있는 용기가 무엇인지 생각해 보는 계기를 마련해 준다.

1 질문을 읽고 해당하는 곳에 ✓로 표시해 보세요.

번호	질 문	그렇다	대체로 그렇다	약간 그렇다	아니다
1	나는 남에게 좋은 친구이다.	4	3	2	1
2	나는 친구들에게 인기가 많다.	4	3	2	1
3	나는 친구를 쉽게 사귀는 편이다.	4	3	2	1
4	나는 나 자신에게 매우 만족한다.	4	3	2	1
5	나에게는 장점보다 단점이 많은 것 같다.	1	2	3	4
6	나는 내 생각보다 친구들의 의견을 따르는 편이다.	1	2	3	4
7	가끔 나 아닌 다른 사람이 되었으면 좋겠다는 생각이 든다.	1	2	3	4
8	나는 친구들과 어울리는 것보다 혼자 있는 것을 더 좋아한다.	1	2	3	4

🌀 표시한 점수를 계산해 보세요.  점

위 질문은 여러분이 가지고 있는 자아 존중감과 친구 관계에 대한 검사 내용입니다. 여러분은 어떤 유형에 속하는지 선생님께 물어 보세요.

2 자아 존중감이 높은 사람과 친구 관계가 좋은 사람의 공통점은 무엇입니까? 여러분의 생각을 말해 보세요.

3 『받은 편지함』의 주인공은 어떤 친구일지 짐작해 보세요.

책·을·다·시·읽·는·아·이·들

 순남이에게 생긴 일들입니다. 그 뒤의 내용을 빈칸에 써 봅시다.

01 받은 편지함에 온 답장 (15쪽)

동화 작가에게 메일을 보낸 순남이는 답장을 받게 된다. 순남이는 자신의 본명을 숨기고 _____

02 기분 좋은 일 (45쪽)

메일이 오가면서 우연인지 순남이에게 좋은 일이 생긴다. 바로 _____

08 순남이를 위한 이상한 서명 (164쪽)

마지막으로 메일을 열어 본 순남이는 선생님으로부터 온 위로의 메시지를 읽게 된다. 선생님은 _____

07 혜민이가 받게 된 책 (140, 157쪽)

메일이 거짓이라는 사실이 드러날 것 같은 순남이는 혜민이를 볼 용기가 없다. 병이 난 순남이는 _____

03 혜민이를 초대하다 (90쪽)	04 순남이의 별명 (100쪽)

순남이는 혜민이를 집으로 초대한다. 둘이 헤어질 때, 혜민이는 순남이가 학교에서 말하지 않는 이유를 _____	혜민이가 학교에서 상을 받은 후, 순남이도 독서왕 상을 받게 된다. 그 덕분에 순남이는 아이들의 관심을 끌게 되고 _____
06 되돌아간 책 (127쪽)	05 마지막 메일 (105, 108쪽)

직접 쓴 책을 보내 주겠다는 선생님 편지에 순남이는 혜민이 이름으로 자신의 주소를 알려 준다. 그러나 책은 오지 않았다. 나중에 알고 보니 _____	순남이는 메일 주소를 가르쳐 달라는 혜민이의 말에 가슴이 철렁 내려앉았다. 설상가상으로 신혜에게 _____

책·을·깊·게·읽·는·아·이·들

🍃 작가 선생님과 메일을 주고받은 후, 순남이의 변화된 생활을 알아봅시다.

1 작가 선생님과 메일을 주고받으면서 순남이의 학교생활에 작은 변화가 일어납니다. 어떤 변화가 있었는지 말해 보세요.

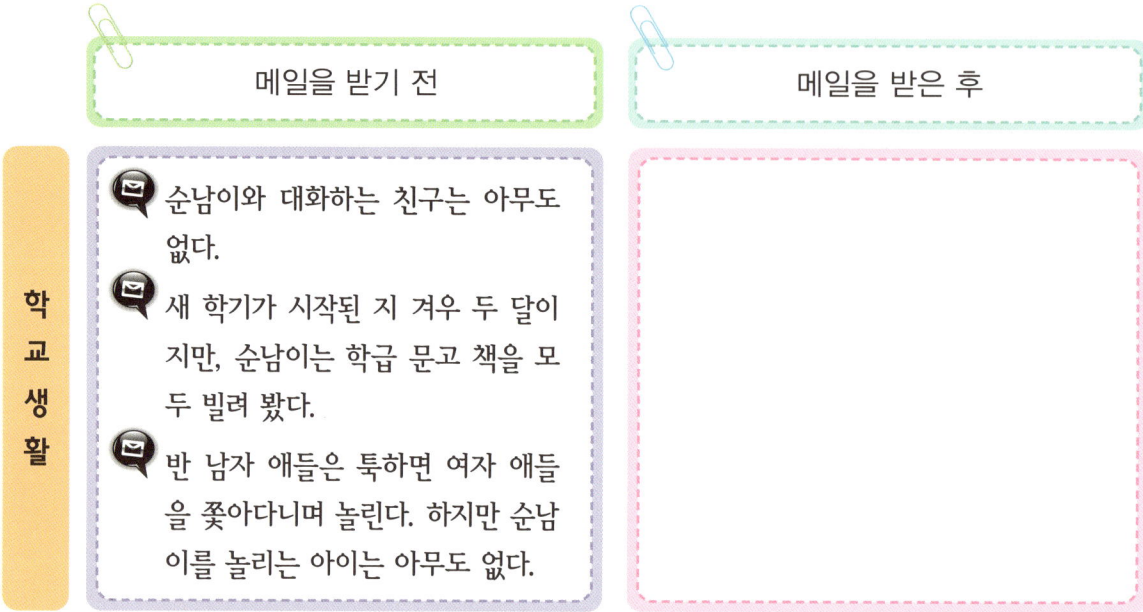

메일을 받기 전	메일을 받은 후
학교생활	
✉ 순남이와 대화하는 친구는 아무도 없다.	
✉ 새 학기가 시작된 지 겨우 두 달이 지났지만, 순남이는 학급 문고 책을 모두 빌려 봤다.	
✉ 반 남자 애들은 툭하면 여자 애들을 쫓아다니며 놀린다. 하지만 순남이를 놀리는 아이는 아무도 없다.	

2 순남이가 혜민이랑 친구가 될 수 있었던 계기는 무엇인가요?

_____

_____

3 혜민이와 친구가 되면서 순남이에게 찾아온 변화는 무엇인지 말해 보세요.

4 빈칸을 채우면서 순남이와 혜민이의 생각을 비교해 보세요.

	순남이	혜민이
꿈	작가	작가
꿈을 이루기 위해서는	훌륭한 작가가 되려면 좋은 책을 많이 읽어야 한다. 그래야 생각이 쑥쑥 자라서 나중에 좋은 글을 쓸 수 있다.	
잘하는 것		공부, 글짓기, 수학 경시 학급 문고 관리 등
부러운 것	* 공부 잘하고, 친구도 많고, 성격도 좋은 혜민이의 모든 것 * 학원에 가는 친구들	
서로에 대한 생각 (오해)		집안일과 엄마 노릇을 다하며 사는 순남이는 나와 우리 반 친구들을 한심하고 유치하게 생각할 것이다.

5 위 4번을 참고하여 두 친구의 차이점을 찾아보세요.

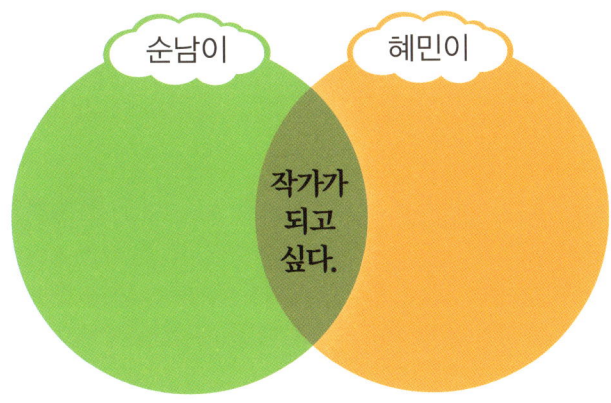

공통점 : 작가가 되고 싶다.

차이점 :

책·을·내·것·으·로·만·드·는·아·이·들

🌿 갈등 속에서 방황하는 순남이의 마음과 해결 방법을 알아봅시다.

1 순남이가 작가 선생님께 메일을 보내게 되면서 겪는 갈등은 무엇인가요?

2 아래 글을 읽고, 순남이의 선택에 대한 여러분의 생각을 말해 보세요.

> 저녁 내내 순남이는 고민을 했습니다.
> '아냐. 선생님은 날 정말 이상한 아이로 생각하실 거야. 한두 번도 아니고……. 여태까지 거짓말로 메일을 보낸 걸 아시면……. 아냐……. 굳이 그럴 필요 없어. 그냥 메일을 보내지 않으면 돼. 앞으로는 메일을 보내지 않는 거야!'
> 순남이는 결국 메일을 보내지 않기로 결심했습니다.
>
> 📄 본문 109쪽에서

3 지금 순남이에게 제일 필요한 것은 무엇이라고 생각하나요? 순남이가 가져야 할 마음가짐을 한 단어로 표현해 보세요.

4 순남이의 갈등을 해결할 수 있는 적절한 방법은 무엇인지 친구들과 토의해 보세요.

해결 방법 I

해결 방법 II

5 순남이처럼 여러분도 지금 고민하고 있거나 갈등하고 있는 일이 있나요? 여러분의 고민을 비밀 편지지에 적어 보세요.

6 여러분의 고민을 해결할 수 있는 적절한 방법은 무엇인지 생각해 보세요.

해결 방법 Ⅰ

해결 방법 Ⅱ

아·이·들·을·위·한·P·S·A·T·와·L·E·E·T

1 다음 글로부터 이끌어낼 수 있는 할머니의 정서로 적절하지 <u>않은</u> 것은?

> 순남이 이름은 돌아가신 할머니가 지어 주셨습니다. 손자를 기다리던 할머니는 순남이가 태어나자 무척 실망을 하셨답니다. 그래서 남동생을 보라고 지어 주신 이름이 바로 '순남'입니다. 이름만 생각하면 순남이는 돌아가신 할머니가 밉습니다.
> 본문 12쪽에서

① 딸보다 아들을 귀하게 여겼다.
② 손자를 보고 싶은 염원이 이름에 담겨 있다.
③ 아들이 아닌 서운함을 딸의 이름에 표현했다.
④ 첫째 딸아이는 남자 이름을 지어 사내아이의 역할을 하게 했다.
⑤ 딸 이름의 끝 글자를 '男'으로 지어 다음에 태어날 아이는 아들이길 원했다.

2 순남이의 무거워진 마음을 잘 이해한 친구는?

> 그렇게 좋은 일이 생길수록 순남이 마음은 자꾸만 무거워졌습니다.
> '이렇게 거짓말로 계속 메일을 보내는 건 옳지 않아……. 그건 나쁜 일이야. 선생님을 속이는 거잖아. 혜민이도 속이는 거고…….'
> '아냐……. 누구한테 해가 되는 것이 아니잖아……. 그냥 메일만 주고받는 것뿐이야…….'
> '아무한테 해가 되지 않는다 해도, 거짓말하는 건 옳지 않아. 이러다 벌을 받게 될지도 몰라. 책 속에서도 그렇잖아. 거짓말을 하면 언젠가 들통이 나게 마련이야. 그렇게 되면…… 지금까지 일어났던 좋은 일들이 한 번에 사라질지도 몰라.'
> '아냐, 벌은 무슨 벌. 메일 보내면서 좋은 일만 생기잖아. 메일이 행운을 가져다주는 거야. 그래, 나 혼자 비밀로 하면 돼. 아무한테도 이야기 안 하면, 선생님도 혜민이도 몰라. 그래, 나만 아는 비밀로 간직하는 거야.'
> 순남이는 애써 마음을 편히 가지려 노력했습니다.
> 본문 104~105쪽에서

① 유천 : 순남이가 제일 힘든 것은 좋아하는 선생님과 혜민이를 거짓말로 속였다는 사실이야.
② 창민 : 순남이가 제일 힘든 것은 선생님도 혜민이도 모르는 순남이만의 비밀이 있다는 사실이야.
③ 윤호 : 순남이가 제일 힘든 것은 거짓말로 인해 지금까지 일어났던 좋은 일들이 한 번에 다 사라질 수도 있다는 거야.
④ 재중 : 순남이가 제일 힘든 것은 거짓말이란 언젠가는 들통이 나게 마련이고, 그때는 아무도 순남이 옆에 없다는 거야.
⑤ 준수 : 순남이가 제일 힘든 것은 거짓말이 탄로나면 벌을 받게 되고, 그러면 지금보다 더 힘든 일이 생길 거라는 사실이야.

3 다음 글을 읽고 물음에 답하세요.

> "너 유명한 작가들 보면 다 슬프게 어린 시절을 보낸 거 몰라? 뭐 엄마가 돌아가셨거나, 아팠거나, 집안이 망했거나. 아무튼 다 슬퍼. 사람이 그렇게 슬프고 아픈 걸 겪어 봐야 생각도 더 깊어지는 거래."
>
> "설마……."
>
> "진짜야. 내가 작가들 이야기 쓴 거 봤단 말야. 나중에 너한테도 보여 줄게. 자기네들이 슬프게 어린 시절을 보냈으니까 주인공들도 거의 다 슬프고 불행하잖아. 우리가 보는 동화도 그렇지만 어른들이 보는 소설도 그렇대."
>
> "……."
>
> 순남이가 가만히 생각해 보니 혜민이 말이 맞는 것도 같습니다.
>
> – 중 략 –
>
> 하지만 자기는 일부러 좋은 생각만 하려고 하는데 혜민이는 슬픈 생각을 하려 한다니! ㉠ <u>어쩐지 우습기도 하고 서글프기도 합니다.</u> 아무튼 혜민이 말대로라면 순남이는 훌륭한 작가가 될 수 있는 환경에 있는 셈입니다.
>
> '하지만 난 엄마가 살아 올 수 있다면……. 작가가 되는 꿈 같은 건 포기할 거야. 만약 내 꿈을 포기해서 엄마가 살아 올 수만 있다면. 아마 혜민이도 그럴 거야. 정말 ㉡ <u>그런 슬픈 일이 자기한테 일어난다면 저렇게 말하지 못할 거야.</u>'
>
> 순남이는 왠지 마음이 쓸쓸했습니다.
>
> 본문 68~69쪽에서

(1) 순남이가 ㉠처럼 생각한 이유는?

① 순남이보다 혜민이의 생각이 모두 옳으므로.
② 혜민이는 슬픈 일이 무엇인지 제대로 이해하지 못하므로.
③ 순남이와 다른 혜민이의 생각이 순남이의 현실을 말하므로.
④ 좋은 생각보다 슬픈 생각을 많이 하는 것이 작가가 되는 길이므로.
⑤ 혜민이가 읽은 책의 작가들은 모두 슬프고 불행한 어린 시절을 보냈으므로.

(2) 밑줄 친 ㉡과 의미가 같은 문장은?

① '그런 슬픈 일이 자기한테 일어난다면 저렇게 말할 거야.'
② '저렇게 말한다면 그런 슬픈 일이 자기한테 일어난 거야.'
③ '저렇게 말한다면 그런 슬픈 일이 자기한테 일어나지 않은 거야.'
④ '그런 슬픈 일이 자기한테 일어나지 않았다면 저렇게 말할 거야.'
⑤ '그런 슬픈 일이 자기한테 일어나지 않았다면 저렇게 말하지 못할 거야.'

스티브 잡스의 세 가지 이야기

스티브 잡스 글 | 우덕환 그림 | 김지성 역
아이란

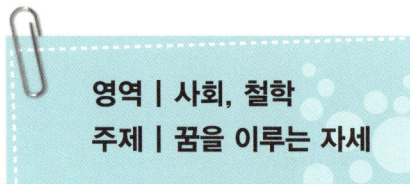

영역 | 사회, 철학
주제 | 꿈을 이루는 자세

목표

1. 스티브 잡스의 스탠포드 대학교 연설문을 바탕으로 그의 생애를 요약할 수 있다.
2. 꿈을 이루기 위한 삶의 자세와 그 결실의 힘을 알 수 있다.
3. 꿈을 이룬 자신의 모습을 상상하며 연설문을 쓸 수 있다.

줄거리

스티브 잡스는 젊은 미혼모의 아들로 태어나 우여곡절 끝에 지금의 부모에게 입양되어 성장했다. 대학교에 입학한 지 6개월 만에 자퇴를 결심하고, 가치 있는 삶을 찾기 위해 고군분투했다. '애플'을 창립하여 폭발적 성장을 거두었지만 자신이 만든 회사에서 해고를 당하는 시련을 겪은 뒤 픽사 등의 회사를 설립하여 성공한다. 그는 다시 애플로 복귀했고 일에 매진했지만 암 선고를 받는다. 스티브 잡스는 스텐포드 대학교에서 연설한 이후에도 많은 업적을 남겼지만 곧 생을 마감한다.

도서 선정 이유

이 책은 꿈을 이루기 위해 도전하는 사람들에게 자신이 진정으로 원하는 삶이 무엇인지를 탐색할 수 있도록 도와준다. 사람들의 미래는 현재의 순간들이 모여 만들어지기 때문에, 자신이 하는 일을 열정적으로 사랑하고 시간을 헛되이 보내지 말아야 한다고 이야기한다. 이 책을 읽는 사람들은 이러한 이야기를 통해 자신의 미래를 설계하는 데 도움을 얻을 수 있다.

1 다음 문장의 빈칸에 들어갈 알맞은 어휘와 뜻을 골라 연결해 보세요.

저는 리드 대학을 (　) 했습니다.	입양	예로부터 전해져 내려오는 까닭과 내력.
호기심과 (　)만을 믿고 저지른 일들이 훗날 대단히 소중한 경험이 되었다.	선사	결혼하지 않은 몸으로 아이를 낳은 여자.
저를 낳은 어머니는 젊은 (　)였습니다.	중압감	사물이나 상황을 접했을 때 그 자리에서 순간적으로 느껴서 앎.
제가 태어나면 변호사 부부가 (　)하기로 했습니다.	유서	온 힘을 기울여 만든 작품.
훌륭한 글자체는 아름다울 뿐만 아니라 (　)가 깊었다.	중퇴	학업을 마치기 전에 중도에 그만둠.
성공이라는 (　) 대신 새롭게 시작하는 초심자의 홀가분함을 느꼈다.	미혼모	양자로 들어감.
여러분이 훌륭하다고 믿는 일을 할 때 그 일이 여러분에게 최고의 만족을 (　)할 것입니다.	직감	존경, 애정의 뜻을 담아 남에게 선물을 주다.
그 책은 이상을 추구했고, 깔끔한 도구와 위대한 생각들로 가득찬 (　)이었습니다.	역작	강제나 강요에 대한 부담감.

2 산업 혁명의 변천사를 정리한 내용입니다. 보기에서 알맞은 말을 찾아 빈칸을 채워 보세요.

> **보기**
> 영국　스마트폰　빅 데이터　증기 기관　인터넷　컨베이어 벨트　블록체인　인공 태양　원자력

산업 혁명	내용
1차 산업 혁명	18세기 중엽~19세기 초반 (　　　)의 발명으로 물건을 기계로 생산하는 기계 혁명이 시작되었다.
2차 산업 혁명	전기의 발명과 (　　　) 시스템이 등장하여 대량 생산과 대량 소비의 시대가 열렸다.
3차 산업 혁명	컴퓨터와 (　　　)의 발달로 산업의 정보화와 자동화의 시대가 열렸다.
4차 산업 혁명	인공지능(AI), 사물 인터넷(IoT), 로봇, 드론, 자율 주행차, 가상 현실(VR), (　　　) 등이 주도하는 차세대 산업 혁명을 말한다.

1 스티브 잡스와 관련 <u>없는</u> 사실은?

① 스티브 잡스는 어렸을 적부터 생활고에 시달렸다.
② 스티브 잡스는 현재의 소중함을 아는 사람이었다.
③ 스티브 잡스는 미혼모에게서 태어나 우여곡절 끝에 입양되었다.
④ 스티브 잡스의 서체 공부로 오늘날 PC에서 아름다운 글자체를 볼 수 있다.
⑤ 이 책에 나오는 스티브 잡스의 연설은 스탠포드 대학교 졸업식에서 소개된 내용이다.

2 당시의 리드 대학교에서 시행했던 교육 과정 중 하나로, 훗날 매킨토시를 만드는 데 영향을 끼친 교육은 어떤 교육인가요? (22쪽)

3 스티브 잡스는 친구와 함께 부모님의 차고에 회사를 차렸습니다. 현재 거대 기업이 된 이 회사 이름은 무엇인가요? (31쪽)

4 회사가 폭발적으로 성장을 하던 중 스티브 잡스는 인생의 초점을 잃을 정도의 청천벽력과 같은 사건을 겪습니다. 그 사건은 무엇이며 그 사건을 겪은 까닭은 무엇인가요? (36쪽)

 사건 :

 까닭 :

5 '픽사'에서 제작한 작품으로, 세계 최초의 컴퓨터 애니메이션의 이름은 무엇인가요? (43쪽)

6 스티브 잡스가 걸려 죽을 뻔했던 병은 무엇인가요? (54쪽)

7 스티브 잡스는 인생에서 굵직한 결단을 내릴 때마다 두려움에서 벗어나기 위해 떠올렸던 생각이 있습니다. 그것은 무엇일까요? 2음절로 쓰세요. (52~53쪽)

☐ ☐

8 책에 실린 스티브 잡스의 연설문은 미래를 위한 열정이 담긴 내용입니다. 이 연설을 한 곳과 청중이 누구였는지 각각 써 보세요. (12, 68쪽)

연설을 한 곳 : _____

청중 : _____

9 스티브 잡스가 연설에서 마지막에 한 말은 무엇인가요? (69쪽)

_____

책·을·깊·게·읽·는·아·이·들

1 스티브 잡스가 스탠포드 대학교 연설에서 제시한 세 가지 이야기를 통해 배울 수 있는 교훈을 간추려 보세요.

세 가지 이야기의 주제	교훈

- 점 같은 순간들이 연결된 미래 : _____
- 일에 대한 사랑과 실패 : _____
- 죽음 : _____

2 다음 밑줄 친 문장과 관련된 사건을 지적하고 "좋은 약은 입에 쓴 법"이라고 생각한 이유를 써 보세요.

> <u>좋은 약은 입에 쓴 법입니다.</u> 간혹 인생이 여러분의 뒤통수를 때리더라도 결코 믿음을 잃지 마십시오. 계속해서 저를 움직이게 했던 힘은 오로지 제가 했던 일에 대한 저의 사랑이었다고 확신합니다. 여러분도 여러분이 사랑하는 것을 찾아야 합니다. 이것은 일에 있어서도 연인에 있어서도 마찬가지입니다.
>
> 본문 45~46쪽에서

3 스티브 잡스가 왜 "삶이 만든 최고의 발명품이 죽음"이라고 했을지 이야기해 보세요.

> 인생에서 커다란 결단을 내릴 때마다 저는 '내가 곧 죽는다'는 생각을 가장 중요한 도구로 활용해 왔습니다. 왜냐하면 다른 사람들의 기대, 모든 자부심, 수치스러움과 실패에 대한 그 어떤 두려움도 죽음 앞에서는 모두 힘을 잃고 오직 진실로 중요한 것들만 남기 때문입니다. 곧 죽을 것이라고 생각하는 것은 여러분이 무엇을 잃을지도 모른다는 두려움에서 벗어나는 가장 좋은 방법입니다. 여러분은 잃을 것이 아무것도 없습니다.
>
> 본문 52~53쪽에서

4 스티브 잡스가 말한 "다른 사람의 삶을 산다."라는 의미를 생각한 후에, 그렇다면 어떤 삶을 살라고 하는 것인지 이야기해 보세요.

> 여러분의 시간은 한정되어 있습니다. 따라서 **다른 사람의 삶을 사느라** 시간을 낭비하지 마십시오. 타인이 생각한 결과물에 불과한 헛된 고정관념에 빠지지 마십시오. 타인의 견해가 여러분 내면의 목소리를 삼키지 못하게 해야 합니다.
>
> 본문 62쪽에서

5 "항상 열망하라. 그리고 항상 겸손하라.", "항상 갈구하라. 그리고 교만하지 말라.", "항상 갈망하라. 그리고 항상 우직하게 나아가라." (Stay Hungry. Stay Foolish.) 이 말의 의미를 말해 보세요.

 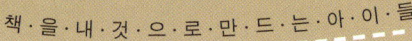

1 스마트폰을 이용한 미래의 발명품에는 어떤 것이 있을까요?

2 다음은 스티브 잡스가 도전하는 삶을 살아가면서 옳다고 믿었던 생각의 일부입니다. 여러분도 자신의 꿈을 이루는 데 도움이 될 만한 말을 소개해 보세요.

> 여러분은 현재의 순간들이 미래에 어떤 식으로 연결될지 알 수 없습니다. 여러분이 성장하여 과거를 돌아볼 때에만 현재의 순간들이 어떤 식으로 연결되었는지를 알 수 있을 것입니다. 그러므로 여러분은 현재의 순간들이 어떤 방식으로든 미래에 연결된다는 것을 믿어야 합니다.

3 스티브 잡스의 연설문에서 가장 마음에 드는 문장과 그 이유를 써 보세요.

4 여러분이 대학교에 다니는데 배울 만한 것은 별로 없고 다른 일을 좋아한다고 가정해도 대학교에 계속 다녀야 할까요? 자기 생각을 이야기해 보세요.

5 꿈을 이룬 자신의 모습을 상상하며 자신의 모교에서 선보일 연설문을 간단하게 써 보세요. (단, 자신이 이룬 꿈을 설명하고 그 꿈을 이루기 위해 어떤 노력을 했는지, 포기하고 싶은 순간에 자신을 곧추 세운 멘토(선생님)나 명언은 무엇인지를 밝힌다.)

아·이·들·을·위·한·P·S·A·T·와·L·E·E·T

1 다음의 설명 방법은?

> 스티브 잡스가 스탠포드 대학교에서 한 연설은 다음과 같은 세 가지의 주제로 설명할 수 있습니다.
> 첫째, 인생의 점 같은 현재의 순간들이 미래와 연결된다.
> 둘째, 나를 움직이게 하는 힘은 일에 대한 사랑과 실패의 가르침이었다.
> 셋째, 늘 죽음을 생각하며 자신에게 집중하는 시간으로 의미 있게 살라.

① 열거 ② 정의 ③ 분류 ④ 비교 ⑤ 대조

2 다음 상황에 어울리는 사자성어는?

> 저는 제가 창업한 회사(애플)에서 해고를 당했습니다. 저는 그 당시, 인생의 초점을 잃었을 뿐만 아니라 참담한 심정이었습니다. 저는 실제로 몇 개월 동안 아무것도 할 수가 없었습니다.
> (중략)
> 당시에는 몰랐지만 애플에서 해고당한 것은 제 인생 최고의 사건이었습니다. 성공이라는 중압감 대신 새롭게 시작하는 초심자의 홀가분함을 느꼈고, 제 앞에 정해진 것은 없었습니다. 그런 자유로움으로 인해 제 인생 최고의 창의력을 발휘하는 시기로 나아갈 수 있었습니다. 그 이후 5년 동안 저는 넥스트(NeXT)와 픽사(Pixar)라는 회사를 세웠고 현재 제 아내가 된 훌륭한 여성과 사랑에 빠졌습니다.
> 그리고 세기의 사건이 터졌습니다. 제가 애플로 복귀하고 애플은 넥스트를 인수한 것입니다. 그 후 넥스트(NEXT)에서 개발했던 기술들은 현재 '애플의 르네상스'에서 중추적인 역할을 하고 있습니다. 또한 로렌과 저는 행복한 가정을 꾸리고 있습니다.
>
> 본문 44쪽에서

① 죽마고우(竹馬故友) ② 결초보은(結草報恩) ③ 전화위복(轉禍爲福)
④ 유구무언(有口無言) ⑤ 청출어람(青出於藍)

3 다음의 밑줄 친 부분의 까닭으로 옳은 것은?

> 저는 1년 전쯤 암 진단을 받았습니다. 죽음을 준비하라는 뜻이었지요. 그 말은 내 아이들에게 10년 동안 줄 것을 단 몇 달 만에 다 해야 한다는 뜻이었고, 가족들이 임종할 때 헤어지기 쉽도록 모든 일을 정리하란 의미였으며, 작별 인사를 준비하라는 말이었습니다.
> 그때만큼 제가 죽음에 가까이 가 본 적은 없는 것 같습니다. 또한 앞으로도 수십 년간은 그렇게 되지 않기를 바랍니다. 이런 경험을 해 보니 죽음이 때로는 유용하다는 것을 머리로만 알고 있을 때보다 더 자신 있게 말할 수 있습니다. (중략)
> 여러분의 시간은 한정되어 있습니다. 따라서 다른 사람의 삶을 사느라 시간을 낭비하지 마십시오. 타인이 생각한 결과물에 불과한 헛된 고정관념에 빠지지 마십시오. 타인의 견해가 여러분 내면의 목소리를 삼키지 못하게 해야 합니다.
>
> 본문 54~62쪽에서

① 죽음이 삶보다는 가치 있기 때문이다.
② 죽음은 인간을 고귀하게 만들기 때문이다.
③ 죽음은 때로는 인간을 선하게 만들기 때문이다.
④ 죽음은 힘겨운 고통을 포기하게 만들기 때문이다.
⑤ 죽음은 시간을 낭비하지 않도록 경각심을 일깨워 주기 때문이다.

4 다음 글을 통해 추론할 수 있는 것은?

> 저를 낳아 주신 어머니는 현재의 어머니가 대학교를 나오지 않았고 아버지는 고등학교도 졸업하지 않았다는 사실을 알고는 입양 동의서에 최종 사인을 하지 않았습니다. 몇 달 후 그분들이 저를 대학까지 보내겠다고 약속하자 어머니는 고집을 꺾고 입양에 동의했고, 이것이 제 인생의 시작이었습니다.
>
> 본문 9쪽에서

① 생모는 대학교를 중시하는 사람이다.
② 생모는 자식의 교육에 관심이 많은 사람이다.
③ 생모는 자식보다는 자신을 중시하는 사람이다.
④ 생모는 학력에 대한 자격지심이 강한 사람이다.
⑤ 생모는 자식의 입양보다 양부모의 인생을 더 중시하는 사람이다.

금수회의록

안국선 글 | 이상권 그림 | 고정욱 엮음
산하

영역 : 문학 언어
주제 : 올바른 사람

목표

1. 동물들이 비판하는 인간의 모습이 무엇인지 알 수 있다.
2. 인간들의 잘못된 행동을 깨닫고 올바른 마음을 가질 수 있다.
3. 만물의 영장으로서 갖추어야 할 덕목을 실천할 수 있다.

줄거리

모든 동물들이 한 자리에 모여 '사람들의 잘못을 꾸짖기'라는 주제로 회의를 연다. 인간에게 여러 가지 이유로 무시당하고 있는 8마리의 동물들이 연단에 올라, 자신들과 인간들의 행동을 비교하며 인간이 얼마나 바르지 못한 모습으로 살아가고 있는가를 비판한다.

도서 선정 이유

사람의 행위에 대해 옳고 그름을 판단할 수 있는 단계에 적합한 도서이다. 동물들의 회의를 통해 사람의 나쁜 행실을 반성하게 하고, 앞으로 우리들이 어떤 모습으로 살아가야 할 것인가에 대한 사고의 기회를 제공해 준다.

1 다음 가로의 단어를 하나하나 채우면 세로의 빈칸들이 하나의 낱말이 됩니다. 숨겨진 낱말이 무엇인지 찾아보세요.

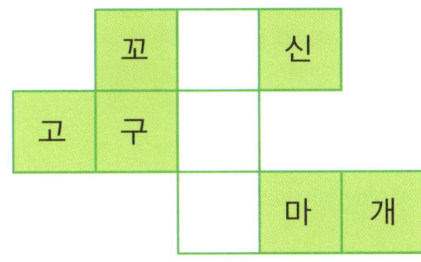

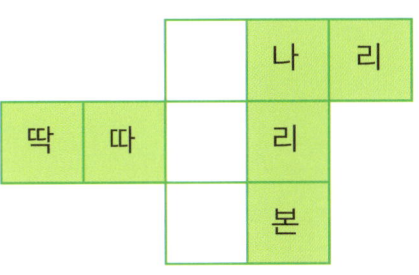

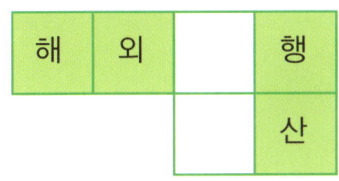

2 위에서 찾은 낱말과 이 책의 내용은 어떤 관련이 있을까요?

_____

_____

3 다음에서 설명하는 사자성어를 보기에서 찾아 써 보세요.

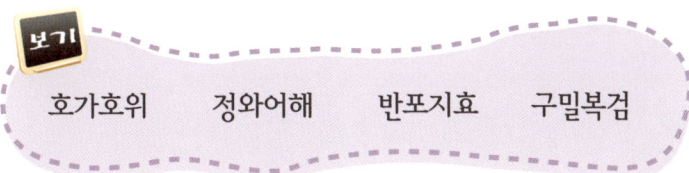

보기: 호가호위   정와어해   반포지효   구밀복검

- 까마귀와 관련되어 있다.
- 새끼가 자라서 늙은 어버이에게 먹이를 물어다 준다는 뜻이다.
- 자식이 다 자란 후에 어버이의 은혜를 갚는 효성을 나타내는 말이다.

책·을·다·시·읽·는·아·이·들

1 지은이는 꿈속에서 금수회의소에 가게 됩니다. 금수회의소 옆에 걸려 있던 금수회의의 주제는 무엇이었나요? (14쪽)

---

2 금수회의소에 모인 동물들은 차례대로 인간들의 잘못을 비판합니다. 다음 동물들은 인간들의 어떤 점을 비판하였는지 빈칸을 완성하여 보세요. (30~122쪽)

동물	비판한 점
까마귀	부모에게 _____ _____ 사람이 많다.
여우	_____의 힘을 빌려서 제 몸 하나만 챙기고 _____을 얻으려는 사람
개구리	천박한 _____으로 남을 속이며, 세상의 모든 일을 _____하는 사람
벌	앞에서는 _____척 하지만, 속으로는 흉보고 _____하는 사람들
게	_____가 없는 것처럼, 자기만 생각하는 관리와 _____을 당해도 분하지 않은 사람
파리	자신의 이익을 위해 훌륭한 일을 하는 사람을 _____하고 어려울 때 함께한 친구나 아내를 버리는 _____사람
호랑이	백성을 괴롭히고 재물을 빼앗는 가혹한 _____를 하는 관리와 무기나 힘을 이용해 남의 재산과 목숨을 _____사람
원앙	남녀 또는 부부 사이에 _____ _____ 사람이 많다.

3 사람들에게 오해를 받고 있는 까마귀들의 입장을 변명하는 말에 따르면, 까마귀들이 떼를 지어 논밭으로 내려가는 이유를 무엇이라고 했나요? (36쪽)

4 호랑이에게 잡힌 여우는 자신이 모든 짐승의 어른이라고 하며 그것을 증명하기 위해 호랑이를 뒤따르게 하고 숲속을 걸었습니다. 모든 동물이 여우의 말대로 모두 도망쳤는데 그 이유는 무엇일까요? (53쪽)

5 어떤 사냥꾼이 수 원앙새를 잡았기 때문에 암 원앙새는 남편을 잃고 과부가 되었습니다. 일 년 뒤에 암 원앙새마저 그 사냥꾼에게 잡혔을 때, 사냥꾼이 암 원앙새의 날개 아래에서 발견한 것은 무엇인가요? (118~119쪽)

6 동물들의 연설이 끝난 후 회장은 사람에 대해 어떤 평가를 하며 회의를 마쳤나요? (123쪽)

책·을·깊·게·읽·는·아·이·들

1 다음은 인간을 비판하러 연단에 올라온 동물 중 하나입니다. 어떤 동물일까요? 또, 왜 그렇게 생각했는지 이유를 말해 보세요.

> "회장, 나도 할 말이 있소."
> 그리고는 엉금엉금 기어서 연단 위로 깡충 뛰어오르는데, 눈은 톡 불거지고 배는 똥똥하고 키는 작달막한 짐승이었습니다. 그 짐승은 눈을 깜짝깜짝, 입을 벌쭉벌쭉하며 말했습니다.
> "내 이름은 말하지 않아도 모두들 아시겠지요?"
>
> 본문 62쪽에서

🍃 동물의 이름 :

🍃 그렇게 생각한 까닭 :

2 다음은 파리가 사람들의 잘못을 비판하는 대목입니다. 파리가 한 말로 미루어 보아, 빈칸에 들어갈 수 있는 내용을 써 보세요.

> 어디 한번 공평하게 따져 봅시다. 우리들과 사람들 가운데 누가 더 간사한 것들이오? 생각들 해 보시오. 우리 파리들은 맛있는 음식을 먹을 때 절대로 혼자 먹는 법이 없습니다. 먹을 걸 발견하면 여러 족속들을 부르고 친구들을 모아서 즐거운 마음으로 함께 나누어 먹지요.
> 그런데 사람들은 어떻습니까?

본문 100쪽에서

3 동물들은 '사람'이라는 이름이 어울리지 않는 사람이 많다고 주장합니다. 다음과 같이 행동하는 사람들에게 어울리는 이름을 지어 보세요.

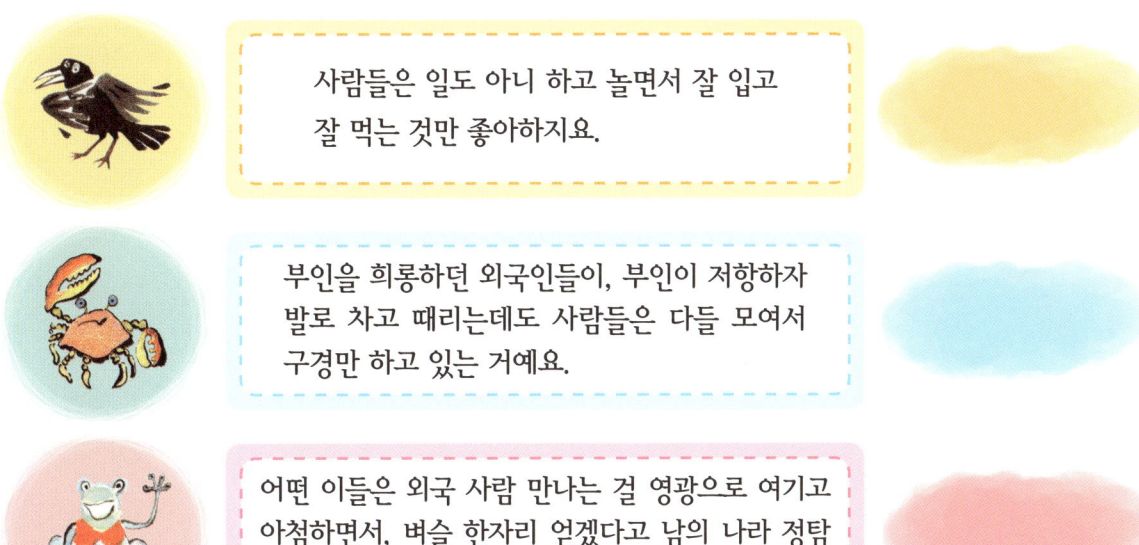

4 다음은 벌이 사람의 겉과 속이 다른 모습을 비판한 글입니다. ㉠~㉡의 예가 될 수 있는 말주머니를 만들어 보세요.

> 벌의 입에는 꿀만 들어 있지만, 사람의 입은 변화가 무쌍하지 않습니까? ㉠ <u>꿀처럼 달 때도 있고</u>, 고추같이 매울 때도 있고, 칼같이 날카로울 때도 있고, ㉡ <u>독약같이 독할 때도 있지요.</u>
>
> 📄 본문 78 ~ 79쪽에서

금수회의록 | 39

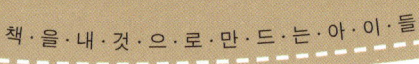

1 금수회의의 대상으로 여러분이 선정되었다고 합니다. 동물들은 여러분의 어떤 점을 비판할까요?

이유	동물들은 나의 _____ 을 비판할 것이다.
설명하기 (구체적 근거 또는 예)	

2 다음 금수회의가 열린다면 아래의 네 동물이 등장한다고 합니다. 네 동물 중 하나를 선택한 후, 사람에게 무시당하는 점을 들고 사람의 잘못된 점을 말해 보세요.

저는 사람들에게 _____ 이유로 무시를

당하고 있는 _____ 입니다. 우리들은 _____

_____ 입니다. 하지만 사람들은 어떻습니까?

3 글쓴이는 회의가 끝나자 아래와 같은 고민에 빠집니다. 보기의 기사를 참고하여 사람을 비판한 동물들에게 반론을 제시하여 보세요.

여러 짐승들이 차례로 연설할 때 나는 벼르고 있었지요. 내가 한 번 인간을 대표해서 변명을 해 보겠다고요. 그런데 어떤 말로도 변명할 수가 없었습니다. 반대를 하리라 생각해 보았지만, 아무리 말을 잘하고 논리가 뛰어나다 해도 쓸모가 없는 겁니다. 이처럼 사람은 높은 곳에서 뚝 떨어져 짐승보다 못해지고, 짐승이 오히려 사람보다 나은 것이 되어 버렸습니다. 이 일을 어떻게 하면 좋겠습니까?

본문 126~127쪽에서

기사⟨1⟩ 선행 할머니

김미영 할머니는 노량진 수산시장에 작은 가게를 마련해 한 푼 두 푼 모은 전 재산을 양로원, 재활원, 보육원에 책과 물품으로 기부하고 있다. 고향에 소재한 ○○대학교에 수십억 원대의 부동산을 기증하며 장학 사업에 힘쓰고 있다.

기사⟨2⟩ 현대판 심청

경주시에 사는 이진아(36) 씨는 지난 10여 년 동안 중병을 앓은 어머니를 극진히 모셨다. 또 현재 1급 장애로 거동이 불편한 아버지(66)를 묵묵히 봉양하고 있어 마을사람들로부터 칭송을 듣고 있다. 이씨는 부모를 모시기 위해 결혼하는 것도 포기하고 현재 어려운 농사일까지 하고 있다.

상대 주장 인정 물론

반론 펴기 하지만

1 다음에서 사람이 갖추어야 할 덕목으로 언급하지 <u>않은</u> 것은?

"지금 세상 사람들이 하는 짓을 보십시오. 어떤 이들은 외국 사람들에게 아첨을 하면서, 어떻게 벼슬이라도 한자리 얻어 볼까 하고 눈치를 살피느라 나라가 망하든지 말든지 아예 거들떠보지도 않아요. 자기 자식을 돌보지 않고 내버려 두는 부모들도 있답니다. 그렇다면 자식은 어떻습니까? 부모에게 그저 돈이나 뜯어 가려고 하고, 부모가 늙으면 힘없다고 버리기나 하지요. 요즘 형제들은 서로 미워하고 헐뜯으며 재산에 욕심을 내어 해치려드니 이래서야 되겠습니까?

본문 21~22쪽에서

① 효도　　② 성실　　③ 우애　　④ 애국심　　⑤ 책임감

2 다음에서 까마귀의 주장으로 가장 알맞은 것은?

　사람들은 우리를 보고 뭐라고 합니까. 까마귀가 울면 재수가 없다는 둥, 그런 소리나 하고 있지 않아요. 하지만 이건 우리하고 아무 상관없는 얘기입니다. 사람의 일이 길하든 흉하든, 우리가 알 게 뭡니까? 이건 사람들이 무식하고 어리석어 그렇게 생각하는 것이지요. 자기들에게 안 좋은 일이 있을 때 우연히 우리가 깍깍댔다고 해서, 까마귀가 울면 재수가 없다느니 어떻다느니 하면 우리는 얼마나 억울합니까. 자기들이 염병이나 콜레라 같은 전염병에 걸려 죽게 되었을 때 어쩌다 우리가 그 근처에 있으면, 꼭 우리가 울어서 죽는 줄 안다니까요. 그런데도 사람들은 저희들끼리 싸울 때 '염병에 까마귀 우는 소리 한다.'는 욕까지 하지요. 자기들이 잘못해서 병에 걸린 줄도 모르고 엉뚱하게 우리를 탓하니, 사람같이 못난 동물이 이 세상 어디에 있습니까? 약을 잘 쓰고 깨끗하게 생활하면서 건강을 잘 돌보면 왜 병에 걸리겠어요?

　평화롭던 요순시절에도 봉황이 나왔고, 나라가 어지럽던 왕망 때에도 봉황이 나왔소. 똑같은 새인데도 요순 때의 봉황은 상서로운 새라 하고, 왕망 때의 봉황은 불길한 새라고 하니 우스운 일 아닙니까?

본문 40~43쪽에서

① 일이 잘못 되었을 때는 원인이 반드시 있다.
② 사람들은 무식하고 어리석어 상대하면 안 된다.
③ 까마귀는 전염병이 발생하는 곳에 자주 나타난다.
④ 병에 걸리지 않으려면 약을 잘 쓰고 깨끗하게 생활해라.
⑤ 좋고 나쁨이 마음먹기에 달려 있는 것이니 남 탓을 하지 말라.

3 다음 (가)와 (나)에서 공통으로 뜻하는 바를 가장 잘 드러낸 것은?

(가)

(나)

"서로 얼굴을 마주할 때에는 꿀을 붓는 것처럼 다디달게 말하면서도, 돌아서면 흉보고 욕하고 노여워하고 악담을 합니다. 좋게 지낼 때에는 깨소금같이 고소하고 맛나게 이야기 나누지요. 하지만 조금이라도 마음에 안 드는 일이 생기면 금방 죽일 놈, 살릴 놈 해 댑니다. 소리 안 나는 총이라도 있으면 당장 쏴서 죽이려 들지요. 여러분, 그러니 보십시오. 우리 짐승들 가운데 그렇게 악독한 것들이 또 있단 말이오?"
"없습니다!"

본문 79쪽에서

① 웃어야 복이 온다고 하지만 항상 웃기는 힘들다.
② 내 말을 누가 듣고 있을지 모르니 말조심 해야겠다.
③ 말은 총처럼 무기가 될 수 있으니, 고운 말을 써야겠다.
④ 기분이 좋다가도 갑자기 화가 나는 일이 반복되고 있다.
⑤ 친구와 반갑게 인사했지만, 사실은 전학을 가 버렸으면 좋겠다고 생각한다.

고양이가 된 고양이

박서진 글 | 이현진 그림
보랏빛소어린이

영역 | 문학, 언어
주제 | 성장, 존중

목표

1. 주인공의 성장 과정을 이해할 수 있다.
2. 등장인물들의 심리를 파악할 수 있다.
3. 반려동물을 키울 때 필요한 자세를 생각할 수 있다.

 줄거리

집에서 키우던 고양이 보리의 주인은 보리를 어느 천변에 버린다. 보리는 그곳에서 초승달이라는 쥐를 만나 생존 방법을 하나씩 배워간다. 자신이 버림받은 것을 믿지 못하고 자신을 키워 주었던 엄마를 찾아다니면서 다양한 사람들과 길 고양이들을 만나 혼자 독립해서 살아가는 방법을 배워 나간다.

도서 선정 이유

주인공이 모험과 고난·역경을 통해 어떻게 성숙해 가는지 그 과정을 배울 수 있다. 사람들의 보호를 받던 고양이 보리가 진정한 자아를 찾아가는 과정에서는 어린이들도 독립적이고 진정한 자아를 생각할 수 있고, 자신이 성숙해지기 위해서는 스스로 어떻게 바뀌어야 하는지를 생각할 수 있다. 또한 반려동물을 대하는 사람들의 태도와 자세에 대해 비판적으로 생각해 볼 수 있다.

다음 단어와 뜻을 찾아 연결하고, 아래 단어를 넣어 짧은 글을 완성해 보세요.

(1) 포식	고요하고 쓸쓸함.
(2) 군기침	냇물의 주변
(3) 둔덕	사물을 어림잡아 헤아리다.
(4) 적막	먼저 자리잡은 사람이 뒤에 오는 사람에게 위세를 떨거나 괴롭히는 일
(5) 미각	배부르게 먹음.
(6) 유기	가운데가 솟아서 불룩하게 언덕이 진 곳
(7) 천변	인기척을 내거나 목청을 가다듬기 위하여 일부러 기침함. 또는 그렇게 하는 기침
(8) 드리워지다	맛을 느끼는 감각
(9) 가늠하다	빛, 어둠, 그늘, 그림자 따위가 깃들거나 뒤덮다.
(10) 텃세	내다 버림

○ 둔덕

○ 유기

○ 드리워지다

○ 가늠하다

책·을·다·시·읽·는·아·이·들

1 보리의 아빠는 왜 보리를 버렸나요? (86~89쪽)

2 생쥐인 초승달은 보리처럼 사람과 함께 산 고양이를 무엇이라고 하면서 무서워하지 않았나요? (16쪽)

3 초승달이 보리에게 이사를 가자고 했지만 보리가 거절합니다. 그 이유는 무엇인가요? (27~28쪽)

4 보리는 번개를 만나서 무엇을 물어보려고 했나요? (45쪽)

5 휴게소에서 만난 고양이들은 왜 보리를 싫어했나요? (65~68쪽)

6 자신을 채식 고양이라고 거짓말한 고양이는 누구인가요? (72쪽)

7 보리가 엄마를 만난 후에 생긴 충격으로 어떤 습관이 생겼나요? (101~102쪽)

8 보리가 다쳤을 때 만난 개는 목에 목줄이 단단히 조여 있었어요. 그 개는 누구인가요? (120~121쪽)

9 창고에 갇힌 보리는 그 창고에서 어떻게 탈출할 수 있었나요? (170쪽)

10 보리는 초승달을 죽인 고양이에게 어떻게 했나요? (183쪽)

책·을·깊·게·읽·는·아·이·들

1 밑줄 친 문장은 어떤 의미일까요?

> 보리는 초승달을 따라 언덕을 올라갔다. 음식 냄새가 바람을 타고 솔솔 코로 들어왔다. (중략) 건물 주차장에는 차들이 줄지어 서 있었고, 휴게소 안으로는 사람들이 드나들고 있었다.
> "문제는 이 도로를 건너야 한다는 거야." 4차선 도로 앞에 선 초승달이 납작 엎드렸다. 보리는 무서워서 도로에 가까이 가지도 못했다. (중략)
> 차들이 '쌩' 하고 지날 때마다 바람이 보리의 노란 털을 흔들었다.
>
> 본문 31~32쪽에서

2 보리와 초승달의 대화입니다. 대화의 공통점은 무엇인가요?

> "큭큭! 너 좋을 대로 해. 그런데 오늘 아침도 신세를 질 수 있을까? 아직 식사를 못 했거든."
> 사료가 얼마 남지 않았다는 생각이 났지만 보리는 얼른 사료를 내밀었다.
> 본문 18쪽에서
>
> ---
>
> "그럼 네가 위험하잖아!"
> "걱정 안 해도 돼. 보다시피 여긴 먹을 게 많아서 나 같은 생쥐에겐 별로 관심을 안 가져."
> "그래도 내 옆에 바짝 붙어. 내가 너를 보호해 줄 테니까."
> 본문 61쪽에서
>
> ---
>
> '아무래도 이상해.'
> 초승달은 손가락을 턱에 대고 자리에서 서성거리며 곰곰이 생각했다.
> '분명 같이 있었는데 사라졌단 말이야. 나한테 말도 안 하고.'
> 최근의 보리는 어디를 가도 꼭 초승달에게 미리 말을 하고 갔다. 심지어 볼일을 보러 갈 때 조차도. 초승달의 걱정이 컸기 때문이다.
> 본문 157쪽에서

책을 깊게 읽는 아이들

3 다음 상황에서 보리는 어떤 마음이었을까요?

> ① 번개가 창고에서 살찐 쥐들을 보며 보리가 고양이임을 알려주며 먹기를 강요했을 때.

> ② 엄마를 다시 만났지만 다른 강아지에게 먹이를 주며 기뻐하는 장면을 봤을 때.

> ③ 초승달이 죽고, 턱시도가 함께 살자고 했지만 그것을 거절했을 때.

4 다음은 풍 아저씨의 말입니다. 밑줄 친 ㉠의 의미는 무엇인지 이야기해 보세요.

> "난 겁쟁이다. 두려움을 버리지 못했지. 다 버린 거라고 생각했다. ㉠<u>그런데 인간이 내 목에 손을 대는 순간 그것이 나를 휘감았다. 나는 아직 극복하지 못했던 거야. 따지고 보면 두려워할 것은 아무것도 없는데. 모든 게 다 괜찮다.</u>"
>
> 📄 본문 179쪽에서

5 휴게소에서 만난 고양이가 보리에게 말한 ㉠의 의미에 대해 이야기해 보세요.

> "인간에게 길들여진 고양이라 자존심도 없군."
> 번개가 노려보고 있었다. 보리는 수치심으로 온몸이 달아올랐다. 얼굴에 튄 쓰레기를 얼른 닦았다.
> "그런다고 흔적이 지워질까? 넌 이미 고양이도 아니고 인간도 아니야." (중략)
> "난 배가 고팠을 뿐이야. 너에게 그런 소리를 들어야 할 이유는 없다고!"
> ㉠<u>"옳은 말이야. 네게 뭐라고 할 이유가 없지. 난 적어도 고양이만 상대하거든. 넌 인간에게 버려진 동물이지, 고양이는 아니니까."</u>
>
> 📄 본문 46~47쪽에서

고양이가 된 고양이 | 49

책·을·내·것·으·로·만·드·는·아·이·들

1 '고양이가 된 고양이'라는 제목에서 고양이가 되었다는 말은 어떤 의미일까요?

> '나도 엄마가 되겠지……. 그리고 때가 되면 새끼들을 독립시켜야 한다는 것도 이제는 알아…….'
> "이제 가 봐야겠어."
> 보리가 일어섰다.
> "이봐, 그러지 말고 우리랑 같이 사는 건 어때?"
> 턱시도가 붙잡았다. 보리는 고개를 흔들었다. 이제는 누구의 도움 없이도 혼자 살아가는 법을 익혀야 한다고 생각했다.
> 　　　　　　　　　　　　　　　　　　　　　본문 186쪽에서

2 보리는 엄마를 다시 만났지만 야생으로 되돌아갑니다. 보리가 다시 가족에게 돌아가는 것이 더 좋지 않았을까요? 여러분의 생각을 말해 보세요.

> 언니는 다정하게 강아지 입에 먹을 것을 넣어주며 장난을 치고 있었다. 충격에 뒷걸음치던 보리는 나무에 부딪혀 넘어졌다. 엄마가 저만치 사라졌지만 일어설 수가 없었다.
> 　(중략)
> 한참 후에야 눈물이 흘러내렸다. 땅거미가 드리워져 그림자가 사라질 즈음에야 눈물이 다 마른 보리가 일어났다. 그리고 뒤도 한 번 돌아보지 않고 아파트를 빠져 나왔다.　본문 98~99쪽에서

3 보리는 유기묘였습니다. 보리가 마음속으로 했던 말들을 떠올리면서 반려동물을 키울 때 어떠한 자세가 가장 필요한지 이야기해 봅시다.

> (가) "너처럼 버려진 애들이 길거리에서 얼마나 많이 죽어 가고 있는 줄 알아? 그 애들은 인간에게 길들여져서 찻길을 건너는 법도, 먹이를 구하는 법도 몰라. 그래서 결국 차에 치이거나 굶어 죽어. 아니면 피부병에 시달리거나 병들어서 어디선가 몸부림치다 죽어 나가지." 본문 48쪽에서
>
> (나) '무서워, 제발 나를 그냥 놔둬!'
> 보리가 몸을 뒤틀었다. 그러자 버림받은 기억, 자신을 밀쳐내던 휴게소의 고양이들, 안개의 비웃음, 휴게소 앞 도로를 건널 때마다 두근거리던 심장 소리 같은 것들이 여기저기에서 먼지처럼 달라붙었다. (중략) 사랑받기 위해서 먹고 싶은 것을 참고 견디었던 시간들, 엄마에게 버려진 걸 확인한 후부터 먹어도 먹어도 배가 고파 쓰레기통을 뒤졌던 날들. 그 모든 것을 날려 보내고 싶었다. 본문 153쪽에서

저는 반려동물을 키울 때에는 _____

자세가 중요하다고 생각합니다. 왜냐하면 반려동물도 _____

_____ 라고 생각하기 때문입니다.

4 다음 글을 읽고 로드킬이 생기는 이유와 이를 막을 수 있는 방법을 이야기해 봅시다.

> (나) 휴게소에는 배고픔에 지쳐 냄새에 이끌려 온 고양이들이 많았다. 하지만, 안타깝게도 길을 건너다가 차의 속도를 가늠하지 못하고 치어 죽는 경우가 대부분이었다. 대개는 겁이 많은 고양이들이었다. 달려오는 차를 보는 순간 얼음이 되어, 그대로 걸음을 멈추어 버리는 것이다. 그래서 고속도로는 동물들에게 죽음의 길이라고 불리기도 했다. 본문 80쪽에서

아·이·들·을·위·한·P·S·A·T·와·L·E·E·T

1 다음을 읽고 알 수 있는 사실은?

천천히 걷고 있는데 누군가 뒤에서 부르는 소리가 들렸다. 번개가 보리를 보고 있었다.
"혼자서도 자신 있냐?"
"걱정 마. 보다시피 난 고양이잖아!"
보리가 날카롭게 자란 발톱을 치켜들며 큰 소리로 말했다.
"흥, 이제야 고양이 같군!"
번개의 말에 보리가 오래간만에 활짝 웃었다.
"참, 네가 찾던 절뚝이는 죽었대. 차에 치여서……."
번개가 먼 곳을 보며 가슴을 들썩이는 것이 보였다.
"조심해라. 그리고……."
번개가 할 말이 있는 듯 잠시 말을 멈췄다. 그러자 보리가 말끝을 이었다.
"견디는 게 이기는 거라고?"
"제법인걸."

📄 본문 186~187쪽에서

① 보리는 번개를 싫어한다.
② 번개는 보리를 가엾다고 생각한다.
③ 번개는 예전에 보리를 만난 적이 있다.
④ 번개는 보리가 혼자 떠나는 것이 슬프다.
⑤ 번개는 보리가 하는 말을 건성으로 듣고 있다.

2 다음 내용에 어울리는 사자성어는?

보리가 눈을 번쩍 뜨고 주위를 두러번거렸다. 초승달이 보리의 입에 빵을 넣어 주고 있었다.
"초승달? 엄마는, 우리 엄마는?"
"엄마는 그만 불러. 보다시피 나야."
"어떻게 된 거야?"
"혹시나 하고 찾으러 다니다가, 쓰러져 있는 너를 발견했쥐. 죽은 줄 알았다니까. 여기서 꼬박 이틀이나 잤다고."
"고마워."
"고맙긴, 친구끼리는 다 그렇게 사는 거쥐."

📄 본문 56~57쪽에서

① 각골난망(刻骨難忘)   ② 괄목상대(刮目相對)   ③ 결초보은(結草報恩)
④ 수어지교(水魚之交)   ⑤ 과유불급(過猶不及)

3 다음 글을 통해 알기 어려운 것은?

> 머릿속에 여러 얼굴들이 떠올랐다. 낳아 주었지만 존재조차 알 수 없는 엄마와 길러 준 엄마, 초승달, 번개, 이슬, 풍 아저씨, 휴게소 아주머니까지.
> '나는 많은 이들의 사랑을 받고 있었지만, 그저 버림받았다는 과거에만 매달리느라 정작 나 자신을 진짜로 사랑한 적은 없었던 거야.'
> 텅 비었던 마음이 조금씩 차오르는 기분이 들었다.
> '이제 예전의 나와는 안녕이야. 저 창문만 열린다면 나갈 수도 있을 거 같은데.'
>
> 본문 156~157쪽에서

① 성장을 이루기 위해서는 시련이 동반된다.
② 역경을 이겨 내려고 하는 마음을 알 수 있다.
③ 세상 밖에서는 다양한 사람들을 만날 수 있다.
④ 나다운 모습일 때 비로소 참다운 나로 자랄 수 있다.
⑤ 현재보다는 과거가 중요하고 과거보다는 미래가 중요하다.

4 ㉠의 근거로 적절한 문장은?

> 번개가 속도를 높였다. 번개의 발에 밟힌 풀들이 누였다 일어났다. 바람도 길을 비켰다.
> "저기야!"
> 초승달이 번개의 등에서 펄쩍 뛰어내렸다.
> "난 저 아래에 가서 먹을 것 좀 가지고 올게. 보리가 며칠 동안 아무것도 못 먹었거든."
> 초승달이 휴게소로 뛰어내려 가자 번개는 풀쩍 뛰어올라 보리가 갇혀 있는 창문을 밀었다. 하지만 창틀에 녹이 슬어서인지 쉽게 열리지 않았다.
> "뚝."
> 번개의 발톱 하나가 부러졌다. 그래도 ㉠ 번개는 개의치 않고 머리까지 들이밀며 힘껏 밀었다.
>
> 본문 164쪽에서

① 창문을 열기 위해서.
② 번개의 발톱 하나가 부러져서.
③ 보리가 며칠 동안 아무것도 못 먹어서.
④ 초승달이 휴게소로 뛰어내려 갔기 때문에.
⑤ 초승달이 번개의 등에서 펄쩍 뛰어내렸기 때문에.

지혜 문방구 랩스타 문지혜

안수민 글 | 심윤정 그림 | 키큰도토리

영역 | 문학, 언어
주제 | 꿈, 희망, 가족 사랑

목표

1. 꿈이란 무엇이고 꿈을 이루기 위해 어떻게 해야 할지 생각해 볼 수 있다.
2. 가족의 소중함을 느낄 수 있다.
3. 자신을 믿고 노력하는 태도를 가질 수 있다.

줄거리

지혜 문방구를 운영하는 할머니와 함께 살며 래퍼의 꿈을 키우는 주인공 지혜. 오디션 예선에 합격하여 〈방과 후 랩 스타〉 녹화에 참여한다. 하지만 결승전을 앞두고 할머니가 편찮으시다는 소식을 듣자, 자신에게 더 소중한 일은 할머니 곁을 지키는 것이라 생각해 집으로 돌아온다. 지혜는 래퍼라는 꿈을 이룰 수 있을까?

도서 선정 이유

이 책은 랩(rap)이라는 흥미로운 소재를 통해 주인공의 마음에 쉽게 공감하고 몰입할 수 있게 한다. 꿈을 이루기 위해 포기하지 않는 주인공의 모습이 독자들에게 동기 부여를 제공할 수 있다. 또 가족과 친구와의 관계에서 경험하는 소중한 가치들과 어려움 속에서도 희망을 잃지 않는 태도를 통해 포기하지 않는 용기를 배울 수 있다.

1 다음 낱말들의 적절한 풀이에 줄을 긋고, ☐ 안에 적절한 낱말을 찾아 써 보세요.

- 위압 • • 호화롭고 편안한 삶을 누림.
- 음미 • • 배운 지식이나 기술을 충분히 익혀 자기 것으로 만드는 것을 비유로 이르는 말.
- 호강 • • 권력이나 큰 힘으로 압박하거나 정신적으로 억누름. 또는 그런 압력.
- 소화 • • 음식이나 그 맛과 향을 즐기며 맛봄.

---

① "야, 무슨 어묵꼬치를 그렇게 ☐ 하면서 먹냐? 누가 보면 랍스터라도 먹는 줄 알겠다."

② "응. 내가 꼭 우승해서 할마(할머니) ☐ 시켜 줄게!"

③ 이 카메라는 내가 공식적인 일정을 ☐ 할 때, 즉 멘토를 만나거나 트레이닝을 받을 때, 콘셉트 회의를 할 때 등 많은 시간을 함께했다.

④ 커다란 화면에 가득 찬 사회자의 얼굴이 ☐ 적으로 느껴졌다.

---

2 문장 속 단어의 뜻을 사전에서 알아보고 낱말을 넣어 짧은 글을 써 보세요.

🌀 순간 얼굴에 남아 있을 눈물 자국이 창피해 손으로 얼른 마른세수를 했다.

★ 짧은 글 : _____

🌀 그렇지 않았으면 난 김호진을 미워하느라 아까운 시간만 허비했을 것이다.

★ 짧은 글 : _____

🌀 호진이는 내 대답이 싱겁다는 듯 피식 웃었다.

★ 짧은 글 : _____

책·을·다·시·읽·는·아·이·들

1 지혜의 이름이 어떻게 정해졌는지를 생각해 빈칸을 채워 보세요.

> 엄마가 나를 할머니께 맡기고 간 후 내 이름은 지혜가 되었어. 그 이유는 말이야……
>
> 본문 25~26쪽에서

🍃 가난하게 자라서 학교 문턱도 제대로 못 밟아 본 할마는 학교 앞에 [   ]를 차리면서 '학교는 [   ]를 키우는 곳이여.'라며 문방구 이름을 [   ]라고 지었어.

🍃 그래서 '더는 생각할 것도 없이' [   ]를 지혜라고 불렀대.

2 지혜는 〈방과 후 랩 스타〉에서 우승하여 상금을 받으면 하고 싶은 일이 두 가지 있다고 합니다. 무엇 무엇인가요? (27, 68쪽)

① _____

② _____

3 준후는 지혜의 〈방과 후 랩 스타〉 예선 영상을 어떻게 찍고 싶어 했나요? (35쪽)

_____

4 지혜는 '자기 소개 싸이퍼'에서 어떤 내용의 랩 가사로 공연을 했나요? (74쪽)

_____

5 첫 방영 후, 지혜는 '불타는 문지혜'가 되었습니다. 왜 이런 이름이 생겼을까요? (82쪽)

_____

56 | 로직아이 샘 5단계_파랑

6 짝 미션을 함께한 지혜 · 호진 팀의 명칭은 '스불타'입니다. 어떤 뜻인가요? (97쪽)

7 짝 미션에서 지혜와 호진이는 각각 무엇을 주제로 가사를 쓰기로 했나요? (91~92쪽)

8 지혜와 호진이는 앙숙지간이었습니다. 무엇을 계기로 서로를 이해하게 되었나요? (94쪽)

9 지혜는 마지막 우승까지 한 단계만 더 올라가면 되는데, 경연을 포기하고 집으로 돌아옵니다. 왜 그랬나요? (113쪽)

10 할마가 퇴원한 후 지혜와 준후, 호진이는 어떤 일을 했나요? (116~119쪽 / 10장)

 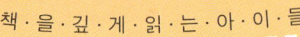

1 지혜는 할머니를 '할마'라고 부릅니다. 지혜는 왜 할머니를 '할마'라고 부를까요?

2 김호진은 준후를 '마미손'이라고 부릅니다. 이렇게 부르는 이유는 무엇인가요?

3 아래 문장에 나오는 '영감'은 어떤 뜻일까요? 이 단어를 사용해서 다른 문장을 써 보세요.

> "큭큭. 할머니가 영감을 주는 뮤즈라니. 왠지 웃긴다."

✓ 뜻 :

✓ 다른 문장 :

4 호진이는 차타와 재코가 지혜의 영상을 보고 있을 때, 지혜가 오래된 문방구 뒷방에 산다는 말을 합니다. 호진이는 왜 이런 말을 하는 걸까요?

> "감사합니다."
> 나는 멘토들의 긍정적인 반응에 가슴을 쓸어내리며, 여유로운 미소로 답했다. 그런데 김호진이란 녀석이 갑자기 끼어드는 게 아닌가? 아니, 낄 데 끼고 빠질 때 빠져야지!
> "저거 콘셉트 아니에요. 저거 쟤네 집이에요. 쟤 저 오래된 문방구 뒷방에 살아요. 아까 나 왔잖아요. 지혜문·· 방구."
>
> 본문 62쪽에서

5 두 번째 녹화를 앞두고 초등 래퍼들은 무대를 중심으로 둘러싼 의자에 모여 앉습니다. 지혜가 뭉클한 마음이 든 이유를 생각해 보세요.

> 우리는 무대를 둥글게 둘러싼 의자에 앉았다. 녹화가 시작되길 기다리고 있으니 1. 3. 4반 초등 래퍼들이 들어와 자리를 채웠다. 모두가 관객이자 경쟁자, 그리고 미래의 래퍼들이다. 나와 같은 꿈을 꾸는 친구들이 이렇게나 많다니, 괜히 뭉클한 마음이 들었다.
>
> 본문 70쪽에서

책·을·내·것·으·로·만·드·는·아·이·들

1 여러분은 예선에 참여하는 방법으로 둘 중에 어떤 것이 더 중요하다고 생각하나요?

"오늘 학교 끝나고 〈방과 후 랩 스타〉 예선 영상 찍기로 했거든."
  김호진이 자리에 앉자 주변에 친구들이 구름처럼 모여들었다.
"그래서 목걸이랑 시계도 산 거야?"
"응, 우리 엄마가 이렇게 반짝이는 게 좀 있어야 화면발 잘 받는다고 사 주셨어!"

📄 본문 29~31쪽에서

  나는 〈방과 후 랩 스타〉 나가는 걸 준비하면서 단 한 번도 랩 이외의 것을 고민해 본 적이 없었다. 무엇을 입을지, 영상을 어디서 찍을지, 무엇으로 찍을지. 그냥 내가 가지고 있는 실력 하나면 된다고 생각했다.

📄 본문 32쪽에서

| 영상을 찍어야 하니 화면발을 잘 받는 옷차림과 액세서리가 필요하다. | | 외모나 차림새보다는 내가 가지고 있는 실력 하나면 된다. |

---

2 만일 여러분이 지혜라면 어떤 내용으로 자기소개를 하겠습니까?

"너는 너의 어떤 점에 대해 이야기하고 싶어?"
"나의… 어떤 점?"
  (중략) 나를 조금 더 드러내야 할 텐데, 할마와 지혜 문방구 얘기를 빼놓고 나에 대해 이야기를 할 수 있을까? 김호진 때문에 오래된 문방구 쪽방에서 산다는 걸 들켰다고 열을 내던 나인데…, 부모님 없이 할마랑 사는 게 알려질까 봐 전전긍긍하던 나인데…, 솔직하게 나를 보여 줄 수 있을까?

📄 본문 66~67쪽에서

3 〈방과 후 랩 스타〉 첫 방송이 끝난 후 신문에 지혜에 대한 기사가 실립니다. 여러분이 이 기사를 읽었다면 기사에 뭐라고 댓글을 달겠습니까?

> **'초등 래퍼, 문지혜. 홀로 자신을 키워 준 할머니께 바치는 싸이퍼!'**
>
> 26일 첫 방영된 〈방과 후 랩 스타〉에서는 래퍼의 꿈을 향한 초등 래퍼 28인의 도전이 그려졌다. 치열한 예선을 거쳐 선발된 참가자들 가운데, 단단한 실력으로 주목받은 문지혜 양은 녹화 중 의도치 않게 문방구 쪽방에서 살고 있다는 사실이 밝혀져 당황한 모습을 보였다. 하지만 자기소개 싸이퍼에서는 부모님 없이 문방구를 운영하며 자신을 키워 준 할머니에 대한 사랑을 표현하며, 담담하게 자신의 이야기를 풀어냈다.
>
> 본문 85쪽에서

댓글

---

4 지혜는 반 대표 선발전을 앞두고 할마의 입원 소식을 듣습니다. 만일 여러분이라면 이때 어떤 선택을 하겠습니까?

> 결국 나는 짐을 챙겨 돌아왔다. 내일 반 대표 선발전만 잘 치르면, 마지막 우승까지 한 단계만 더 올라가면 되는데, 아쉬움이 없는 건 아니었다. 하지만 나에게는 할마가 가장 우선이었다. 〈방과 후 랩 스타〉야 내년에도 기회가 있지만, 수술하는 할마를 돌봐 줄 가족은 내가 유일하니까.
>
> 본문 113쪽에서

| 다른 사람이 돌봐 드릴 테니 경연에 계속 참여한다. |  | 돌봐 줄 가족이 없으니 경연을 멈추고 할마 곁으로 온다. |

아·이·들·을·위·한·P·S·A·T·와·L·E·E·T

1 다음 문장들을 이야기하는 친구에게 어울리는 사자성어는?

> "야, 〈방과 후 랩 스타〉도 그렇고, 〈쇼 미 더 머니〉도 그렇고, 언제 여자가 우승하는 거 봤냐? 다 남자들이 우승했지! 일단 여자들은 랩으로 남자들한테 밀려."
> 본문 23쪽에서
>
> "아무렴, 방송에 나갈지도 모르는데, 거지같이 나갈 수는 없잖아. 그럴 거면 차라리 안 나가는 게 낫지."
> 본문 31~32쪽에서
>
> "쟤는 소풍을 온 거야, 촬영을 온 거야? 삼각김밥이 뭐야? 어라, 또 저 옷 입고 왔네?"
> 본문 51쪽에서

① 죽마고우(竹馬故友) : 어릴 때부터 같이 놀며 자란 벗.
② 안하무인(眼下無人) : 교만하여 다른 사람을 업신여김.
③ 사필귀정(事必歸正) : 모든 일은 결국 바른길로 들어섬.
④ 동병상련(同病相憐) : 어려운 처지에 있는 사람끼리 서로 동정하고 도움.
⑤ 인과응보(因果應報) : 선을 행하면 선한 결과가 오고, 악을 행하면 나쁜 결과가 반드시 따라옴.

2 다음 글에 나오는 '나'가 말하는 ㉠의 의미는?

> 나는 마이크를 들고 호진이 파트를 대신 불렀다. 워낙 많이 들었고, 많이 따라 불렀기 때문에 어려울 건 없었다. 내 파트는 아니지만 결국 ㉠ '우리'의 노래니까.
>
> 무대 위 날 보는 것 같니? 허?
>
> 다행이 호진이는 자기 페이스를 찾았다.
>
> 본문 99~100쪽에서

① 같은 반 친구이다.
② 동갑내기 친구이다.
③ 같은 학교에 다니는 친구이다.
④ 같은 무대에서 경쟁하는 친구이다.
⑤ 함께 연습했고 같이 공연하는 친구이다.

3 아래 글의 '나'가 말하는 ㉠의 '괜찮음'으로 가장 적절한 것은?

> 나는 할마 손을 꼭 잡고 웃어 보였다. ㉠ **'나 정말 괜찮아!'** 라는 걸 보여 주고 싶었다. 아쉽지만, 계속 도전할 수 없게 되어 몹시 아쉽지만, 나에겐 가족이 무엇보다 소중하다는 걸 확실히 해 두고 싶었다. 누구한테 확실히 해 두냐고? 모르겠다. 어쩌면 유일한 가족인 할마와 나를 팽개쳐 두고 십몇 년째 찾아오지도 않는 엄마라는 사람과 나는 다르다고 말하고 싶었던 건지도 모르겠다. 나 스스로에게, 그리고 아마 앞으로 볼 일 없을 엄마라는 사람에게.
>
> 본문 114쪽에서

① 계속 도전하는 모습.
② 할마와 단둘이 사는 모습.
③ 엄마를 떳떳하게 만나는 모습.
④ 도전에 성공하여 화려하게 등장하는 모습.
⑤ 엄마, 아빠가 찾아오지 않아도 꿋꿋하게 사는 모습.

4 ㉠의 근거로서 가장 적절한 것은?

> 눈물바다가 되어 버린 나의 마지막 녹화가 〈방과 후 랩 스타〉 3회에 방영된 후, 정말 많은 응원과 격려를 받았다. 그중에서 가장 큰 힘이 된 건 '할머니 건강이 얼른 회복되어서 문지혜 양의 랩을 다시 들을 수 있었으면 좋겠어요!'라는 말이었다. 누군가 내 음악을 기다린다는 것, 그보다 중요한 사실이 또 어디 있을까? 화려한 무대와 함성은 없지만, 그 누군가의 존재가 ㉠ **나를 진짜 래퍼로 만들었다.**
>
> 본문 119쪽에서

① 많은 응원과 격려.
② 화려한 무대와 함성.
③ 할머니 건강이 얼른 회복되어서.
④ 누군가 내 음악을 기다린다는 사실.
⑤ 눈물바다가 되어 버린 나의 마지막 녹화.

한국인의 독서지도 교재 **로직아이 샘**

 **교재의 특징**

박우현 교수와 현장의 **교사들**이 함께 만든 22권의 **독서지도 교재**

- **6권의 필독서**를 읽고 수업하는 독서지도 교재. 자연스럽게 글쓰기 논술 실력도 늘게 하는 교재
- **5급 공무원 시험인 공직 적성 평가와 법학 전문 대학원 입학시험** 형식의 문제 수록

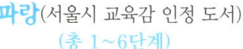

파랑(서울시 교육감 인정 도서)　**노랑**(교과서 수록 작품)　**초록**(신간 교과서 수록 작품 중심)　**빨강**(스테디 셀러 중심)
(총 1~6단계)　　　　　　(총 1~6단계)　　　　　(총 1~6단계)　　　　　　(총 1~4단계)

각 단계는 학년을 기준으로 함. (1학년은 1단계, 6학년은 6단계)
빨강 교재만 학년 중첩. (1단계는 1-2학년, 2단계는 2-3학년, 3단계는 4-5학년, 4단계는 5-6학년)

중학생을 위한 독서 논술
로직아이 수 秀 민트&퍼플

교재의 특징

① 엄선한 필독서 2·3권과 한국 근현대 문학 수록
② 다양한 토론, 요약과 정리 문제 수록
③ PSAT와 LEET형식의 문제 수록

글쓰기 논술 쓰마 & 박우현의 요약과 논술 입문 & 기초

1단계 - 1, 2권
글쓰기 논술 기초 교재

2단계 - 1, 2, 3권
글쓰기 논술 발전 교재

3단계 - 1, 2권
글쓰기 논술 심화 교재

Ⅰ. 입문편
Ⅱ. 기초편

교재의 특징

① 쓰마는 과정 중심 글쓰기 논술 교재
② 쓰마는 초등 1학년 부터 6학년 까지
③ 박우현의 요약과 논술은 중등 1학년 부터

* (주)로직아이는 독서지도나 글쓰기 지도를 하고자 하는
학부모와 선생님들을 위한 교육사업 법인입니다.

책 속에는 꿈이 있습니다.
배우겠다는 의지만 있으면 실력은 늘기 마련입니다.

주소 서울특별시 영등포구 대방천로 175 문헌빌딩 203호 (신길동) | 전화 02-747-1577 | 팩스 02-747-1599

3 아래 글의 '나'가 말하는 ㉠의 '괜찮음'으로 가장 적절한 것은?

> 나는 할마 손을 꼭 잡고 웃어 보였다. ㉠ '나 정말 괜찮아!'라는 걸 보여 주고 싶었다. 아쉽지만, 계속 도전할 수 없게 되어 몹시 아쉽지만, 나에겐 가족이 무엇보다 소중하다는 걸 확실히 해 두고 싶었다. 누구한테 확실히 해 두냐고? 모르겠다. 어쩌면 유일한 가족인 할마와 나를 팽개쳐 두고 십몇 년째 찾아오지도 않는 엄마라는 사람과 나는 다르다고 말하고 싶었던 건지도 모르겠다. 나 스스로에게, 그리고 아마 앞으로 볼 일 없을 엄마라는 사람에게.
>
> 본문 114쪽에서

① 계속 도전하는 모습.
② 할마와 단둘이 사는 모습.
③ 엄마를 떳떳하게 만나는 모습.
④ 도전에 성공하여 화려하게 등장하는 모습.
⑤ 엄마, 아빠가 찾아오지 않아도 꿋꿋하게 사는 모습.

4 ㉠의 근거로서 가장 적절한 것은?

> 눈물바다가 되어 버린 나의 마지막 녹화가 〈방과 후 랩 스타〉 3회에 방영된 후, 정말 많은 응원과 격려를 받았다. 그중에서 가장 큰 힘이 된 건 '할머니 건강이 얼른 회복되어서 문지혜 양의 랩을 다시 들을 수 있었으면 좋겠어요!'라는 말이었다. 누군가 내 음악을 기다린다는 것, 그보다 중요한 사실이 또 어디 있을까? 화려한 무대와 함성은 없지만, 그 누군가의 존재가 ㉠ 나를 진짜 래퍼로 만들었다.
>
> 본문 119쪽에서

① 많은 응원과 격려.
② 화려한 무대와 함성.
③ 할머니 건강이 얼른 회복되어서.
④ 누군가 내 음악을 기다린다는 사실.
⑤ 눈물바다가 되어 버린 나의 마지막 녹화.

한국인의 독서지도 교재 로직아이 샘

박우현 교수와 현장의 교사들이 함께 만든 22권의 독서지도 교재

- 6권의 필독서를 읽고 수업하는 독서지도 교재. 자연스럽게 글쓰기 논술 실력도 늘게 하는 교재
- 5급 공무원 시험인 공직 적성 평가와 법학 전문 대학원 입학시험 형식의 문제 수록

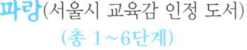

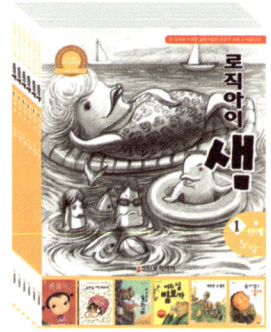  

파랑(서울시 교육감 인정 도서) (총 1~6단계)   **노랑**(교과서 수록 작품) (총 1~6단계)   **초록**(신간 교과서 수록 작품 중심) (총 1~6단계)   **빨강**(스테디 셀러 중심) (총 1~4단계)

각 단계는 학년을 기준으로 함. (1학년은 1단계, 6학년은 6단계)

빨강 교재만 학년 중첩. (1단계는 1-2학년, 2단계는 2-3학년, 3단계는 4-5학년, 4단계는 5-6학년)

중학생을 위한 독서 논술
로직아이 수 秀 민트&퍼플

교재의 특징

① 엄선한 필독서 2·3권과 한국 근현대 문학 수록
② 다양한 토론, 요약과 정리 문제 수록
③ PSAT와 LEET형식의 문제 수록

글쓰기 논술 쓰마 & 박우현의 요약과 논술
입문 & 기초

1단계 - 1, 2권 글쓰기 논술 기초 교재

2단계 - 1, 2, 3권 글쓰기 논술 발전 교재

3단계 - 1, 2권 글쓰기 논술 심화 교재

I. 입문편

II. 기초편

교재의 특징

① 쓰마는 과정 중심 글쓰기 논술 교재
② 쓰마는 초등 1학년 부터 6학년 까지
③ 박우현의 요약과 논술은 중등 1학년 부터

* (주)로직아이는 독서지도나 글쓰기 지도를 하고자 하는 학부모와 선생님들을 위한 교육사업 법인입니다.

책 속에는 꿈이 있습니다.
배우겠다는 의지만 있으면 실력은 늘기 마련입니다.

주소 서울특별시 영등포구 대방천로 175 문헌빌딩 203호 (신길동) | 전화 02-747-1577 | 팩스 02-747-1599